1. Auflage in Druckschrift 1987
Alle deutschen Rechte bei Carlsen Verlag GmbH, Reinbek 1987
Originalcopyright: © Editions Gautier-Languereau, Paris 1987
Originaltitel: SOPHIE BOUT DE CHOU
05088777 · ISBN 3-551-53176-5 · Bestellnummer 53176
Printed in Italy

Sophie, ganz groß

Von Marie-France Mangin
Bilder von Satomi Ichikawa
Aus dem Französischen
von Katharina Kühl

CARLSEN
LERNE LESEN

Sophie ist schon sieben Jahre alt. Aber man sieht es ihr nicht an. Sie ist nämlich noch sehr klein. Nicht gerade winzig klein, aber doch viel kleiner als andere Kinder ihres Alters. Das hin-

dert sie jedoch nicht daran, überall herumzu-
sausen. »Wie die wildeste aller wilden Hum-
meln!« behaupten ihre Eltern. Sophie ist so
gelenkig, daß sie alles schafft, was sie will.

Was macht es zum Beispiel schon aus, wenn ein Türgriff zu hoch ist oder man ein Regal nicht erreichen kann?

Sophie springt eben. Hops! Hops! Hops!
Beim dritten Hopser hat sie eigentlich immer,
was sie sich wünschte!

Trotzdem, manchmal ist es einfach ärgerlich, klein zu sein! In Sophies Klasse sind alle Kinder mindestens einen Kopf größer als sie. Eines Tages wollte sich Angela mit ihr messen. Ausgerechnet Angela mit ihren langen Armen und Beinen! Sophie konnte sich noch so sehr

recken und strecken, sie reichte Angela nicht einmal bis zu den Schultern! Aber dumm ist Sophie nicht! Das hat mit der Körpergröße nichts zu tun. Angela ist immer wieder erstaunt, wie schnell Sophie das Einmaleins aufsagen kann. Vor- und rückwärts!

Als Sophie zum erstenmal an der Reihe war, die Tafel abzuwischen, lachten die anderen Kinder sie aus, weil sie bloß die untersten Zeilen erreichen konnte. Aber dann erlaubte die Lehrerin ihr, den Schemel zu benutzen.

Wenn Sophie jetzt auf IHREN Schemel klettert,
möchten alle anderen Kinder an ihrer Stelle
sein. Sophie ist dann nämlich so groß wie die
Lehrerin selbst. Besonders, wenn sie sich dabei so gerade macht wie ein I!

Sophie hat nicht nur in der Schule Probleme. Beim Einkaufen ist es nicht besser: immer schleift dieser große Einkaufsbeutel auf dem Fußboden! Und dann erst die Verkäuferin, die es nie versäumt auszurufen: »Der Beutel ist größer als die ganze Sophie!«

Sophie zwingt sich, freundlich zu schauen, aber am liebsten würde sie die Verkäuferin in den Beutel stopfen, mitten zwischen das Gemüse!

Wenn ihre Eltern Besuch bekommen, ist es noch schlimmer. Die Großen schubsen sie herum, und manchmal wundert sich einer: »Guck an, du bist auch da?«

Eines Tages ist ihr sogar jemand auf die Füße getreten, ohne es zu bemerken! Daß man sie FLOH oder MÜCKE nennt, das macht Sophie schon nichts mehr aus. Aber sie überhaupt nicht wahrzunehmen, das geht doch nun wirklich zu weit!

An solchen Tagen verzieht sich Sophie in ihr Zimmer. Sie betrachtet sich im Spiegel und stellt sich dabei vor, sie hätte einen riesigen Hut auf dem Kopf und Schuhe mit ganz hohen Absätzen an.

Eines Nachts träumt Sophie:
Sie war so groß, daß jeder
zu ihr aufschauen mußte. Sie
selbst mußte sich bücken,
wenn sie ihren Eltern einen
Kuß geben wollte! Die Leute
flüsterten: »Seht mal, die
Sophie! Wenn sie so weiter-
wächst, wird sie sich noch den
Kopf an den Wolken stoßen!«
Das war natürlich sehr lustig,
aber leider eben nur ein
Traum!

In der Wirklichkeit muß sich Sophie weiter über ihre Winzigkeit ärgern. Dazu kommt noch die Sache mit Simon, ihrem neuen Nachbarn. Simon ist acht Jahre alt, aber er ist derart lang und dünn, daß man ihn glatt für neun halten könnte!

Anfangs fand Sophie ihn
nett. Aber nicht mehr seit
heute! Als sie ihm nämlich
einen Wettlauf vorschlug,
blickte Simon sie nur so von
oben herab an und lachte:
»Was? Ich soll mit dir um die
Wette laufen? Du bist doch
nur ein KOHLKOPFZIPFEL!«
Sophie wurde rot wie eine
Tomate und lief weinend
nach Hause.

Es ist übrigens nicht das erstemal, daß man Sophie Kohlkopfzipfel nennt. Aber daß das ausgerechnet dieser Simon sagen muß, der sie doch gar nicht kennt, das ist unerträglich! KOHLKOPFZIPFEL! So eine Übertreibung! Man müßte mindestens dreizehn Kohlköpfe übereinanderpacken und noch drei Rosenkohle obendrauf, um eine einzige Sophie zusammenzubekommen! Es stimmt allerdings, daß sie große Mühe gehabt hätte, den Wettlauf zu gewinnen!

Selbst wenn er ganz schnell liefe,
könnte ein Igel niemals einen
Hasen schlagen. Und genauso
wäre es mit Simon gekommen!
»Ich habe es satt, satt, satt!«
schreit Sophie.

21

»Warum bist du denn so wütend?«
wundert sich Peter, Sophies großer
Bruder.
Sophie schämt sich ein bißchen,
aber dann erzählt sie . . . von
Simon, dem Wettlauf und dem

KOHLKOPFZIPFEL. Es tut gut, sich jemandem anzuvertrauen, der einen gern hat!

Peter hält Simon für einen SPARGELTARZAN, was Sophie wieder aufheitert. Dann macht Peter einen Vorschlag: »Hör zu, Sophie, ich weiß, womit du diesen Simon beeindrucken kannst! Warte!«

Peter steigt auf den Dachboden und kommt mit Stelzen zurück.

Sophie hat Angst. Wie soll sie nur mit diesen riesigen Holzstäben fertig werden?

Peter nimmt sie mit in die Garage und zeigt ihr, wie man mit Stelzen umgeht.

Es ist gar nicht so leicht, aufzusteigen — und noch schwieriger, obenzubleiben!

Nach einer Weile hat Sophie es kapiert. Peter öffnet das Garagentor und läßt sie in den Garten hinausstelzen.

Sophie ist erstaunt, wie niedrig plötzlich alles ist! Die Bäume, die Büsche, die Wäscheleine. Sogar ihr Hund sieht kleiner aus!

Simon, auf der anderen Seite der Hecke, glaubt zu träumen! Mit offenem Mund starrt er Sophie an.

Aber dann klatscht er in die Hände: »Bravo, Sophie! Du bist die Größte! Zeigst du mir das Stelzenlaufen auch?«

Sophie ist so überrascht, daß sie nicht aufpaßt und eine Stelze verliert. Simon will ihr helfen und stürzt sich ohne Zögern in die Hecke.

Als er auf der anderen Seite wieder auftaucht, fällt Sophie mitsamt ihren Stelzen auf seinen Rücken. »Ich glaube, ich muß noch viel lernen!« sagt sie und reibt sich lachend den Kopf.

»Bring mir inzwischen bei, was du schon kannst!« sagt Simon.

Unnötig zu sagen, daß der große Simon und die kleine Sophie bald die besten Freunde sind!

Und wenn zufällig mal die Rede von KOHL
oder SPARGEL ist, lachen die beiden wie ver-
rückt.